Year:

No.	Date	Description	Account	Payment	Deposit	Balance (Total)

Year:

No.	Date	Description	Account	Payment	Deposit	Balance (Total)

Year:

No.	Date	Description	Account	Payment	Deposit	Balance (Total)

Year:

No.	Date	Description	Account	Payment	Deposit	Balance (Total)

Year:

No.	Date	Description	Account	Payment	Deposit	Balance (Total)

Year:

No.	Date	Description	Account	Payment	Deposit	Balance (Total)

Year:

No.	Date	Description	Account	Payment	Deposit	Balance (Total)

Year:

No.	Date	Description	Account	Payment	Deposit	Balance (Total)

Year:

No.	Date	Description	Account	Payment	Deposit	Balance (Total)

Year:

No.	Date	Description	Account	Payment	Deposit	Balance (Total)

Year:

No.	Date	Description	Account	Payment	Deposit	Balance (Total)

Year:

No.	Date	Description	Account	Payment	Deposit	Balance (Total)

Year:

No.	Date	Description	Account	Payment	Deposit	Balance (Total)

Year:

No.	Date	Description	Account	Payment	Deposit	Balance (Total)

Year:

No.	Date	Description	Account	Payment	Deposit	Balance (Total)

Year:

No.	Date	Description	Account	Payment	Deposit	Balance (Total)

Year:

No.	Date	Description	Account	Payment	Deposit	Balance (Total)

Year:

No.	Date	Description	Account	Payment	Deposit	Balance (Total)

Year:

No.	Date	Description	Account	Payment	Deposit	Balance (Total)

Year:

No.	Date	Description	Account	Payment	Deposit	Balance (Total)

Year:

No.	Date	Description	Account	Payment	Deposit	Balance (Total)

Year:

No.	Date	Description	Account	Payment	Deposit	Balance (Total)

Year:

No.	Date	Description	Account	Payment	Deposit	Balance (Total)

Year:

No.	Date	Description	Account	Payment	Deposit	Balance (Total)

Year:

No.	Date	Description	Account	Payment	Deposit	Balance (Total)

Year:

No.	Date	Description	Account	Payment	Deposit	Balance (Total)

Year:

No.	Date	Description	Account	Payment	Deposit	Balance (Total)

Year:

No.	Date	Description	Account	Payment	Deposit	Balance (Total)

Year:

No.	Date	Description	Account	Payment	Deposit	Balance (Total)

Year:

No.	Date	Description	Account	Payment	Deposit	Balance (Total)

Year:

No.	Date	Description	Account	Payment	Deposit	Balance (Total)

Year:

No.	Date	Description	Account	Payment	Deposit	Balance (Total)

Year:

No.	Date	Description	Account	Payment	Deposit	Balance (Total)

Year:

No.	Date	Description	Account	Payment	Deposit	Balance (Total)

Year:

No.	Date	Description	Account	Payment	Deposit	Balance (Total)

Year:

No.	Date	Description	Account	Payment	Deposit	Balance (Total)

Year:

No.	Date	Description	Account	Payment	Deposit	Balance (Total)

Year:

No.	Date	Description	Account	Payment	Deposit	Balance (Total)

Year:

No.	Date	Description	Account	Payment	Deposit	Balance (Total)

Year:

No.	Date	Description	Account	Payment	Deposit	Balance (Total)

Year:

No.	Date	Description	Account	Payment	Deposit	Balance (Total)

Year:

No.	Date	Description	Account	Payment	Deposit	Balance (Total)

Year:

No.	Date	Description	Account	Payment	Deposit	Balance (Total)

Year:

No.	Date	Description	Account	Payment	Deposit	Balance (Total)

Year:

No.	Date	Description	Account	Payment	Deposit	Balance (Total)

Year:

No.	Date	Description	Account	Payment	Deposit	Balance (Total)

Year:

No.	Date	Description	Account	Payment	Deposit	Balance (Total)

Year:

No.	Date	Description	Account	Payment	Deposit	Balance (Total)

Year:

No.	Date	Description	Account	Payment	Deposit	Balance (Total)

Year:

No.	Date	Description	Account	Payment	Deposit	Balance (Total)

Year:

No.	Date	Description	Account	Payment	Deposit	Balance (Total)

Year:

No.	Date	Description	Account	Payment	Deposit	Balance (Total)

Year:

No.	Date	Description	Account	Payment	Deposit	Balance (Total)

Year:

No.	Date	Description	Account	Payment	Deposit	Balance (Total)

Year:

No.	Date	Description	Account	Payment	Deposit	Balance (Total)

Year:

No.	Date	Description	Account	Payment	Deposit	Balance (Total)

Year:

No.	Date	Description	Account	Payment	Deposit	Balance (Total)

Year:

No.	Date	Description	Account	Payment	Deposit	Balance (Total)

Year:

No.	Date	Description	Account	Payment	Deposit	Balance (Total)

Year:

No.	Date	Description	Account	Payment	Deposit	Balance (Total)

Year:

No.	Date	Description	Account	Payment	Deposit	Balance (Total)

Year:

No.	Date	Description	Account	Payment	Deposit	Balance (Total)

Year:

No.	Date	Description	Account	Payment	Deposit	Balance (Total)

Year:

No.	Date	Description	Account	Payment	Deposit	Balance (Total)

Year:

No.	Date	Description	Account	Payment	Deposit	Balance (Total)

Year:

No.	Date	Description	Account	Payment	Deposit	Balance (Total)

Year:

No.	Date	Description	Account	Payment	Deposit	Balance (Total)

Year:

No.	Date	Description	Account	Payment	Deposit	Balance (Total)

Year:

No.	Date	Description	Account	Payment	Deposit	Balance (Total)

Year:

No.	Date	Description	Account	Payment	Deposit	Balance (Total)

Year:

No.	Date	Description	Account	Payment	Deposit	Balance (Total)

Year:

No.	Date	Description	Account	Payment	Deposit	Balance (Total)

Year:

No.	Date	Description	Account	Payment	Deposit	Balance (Total)

Year:

No.	Date	Description	Account	Payment	Deposit	Balance (Total)

Year:

No.	Date	Description	Account	Payment	Deposit	Balance (Total)

Year:

No.	Date	Description	Account	Payment	Deposit	Balance (Total)

Year:

No.	Date	Description	Account	Payment	Deposit	Balance (Total)

Year:

No.	Date	Description	Account	Payment	Deposit	Balance (Total)

Year:

No.	Date	Description	Account	Payment	Deposit	Balance (Total)

Year:

No.	Date	Description	Account	Payment	Deposit	Balance (Total)

Year:

No.	Date	Description	Account	Payment	Deposit	Balance (Total)

Year:

No.	Date	Description	Account	Payment	Deposit	Balance (Total)

Year:

No.	Date	Description	Account	Payment	Deposit	Balance (Total)

Year:

No.	Date	Description	Account	Payment	Deposit	Balance (Total)

Year:

No.	Date	Description	Account	Payment	Deposit	Balance (Total)

Year:

No.	Date	Description	Account	Payment	Deposit	Balance (Total)

Year:

No.	Date	Description	Account	Payment	Deposit	Balance (Total)

Year:

No.	Date	Description	Account	Payment	Deposit	Balance (Total)

Year:

No.	Date	Description	Account	Payment	Deposit	Balance (Total)

Year:

No.	Date	Description	Account	Payment	Deposit	Balance (Total)

Year:

No.	Date	Description	Account	Payment	Deposit	Balance (Total)

Year:

No.	Date	Description	Account	Payment	Deposit	Balance (Total)

Year:

No.	Date	Description	Account	Payment	Deposit	Balance (Total)

Year:

No.	Date	Description	Account	Payment	Deposit	Balance (Total)

Year:

No.	Date	Description	Account	Payment	Deposit	Balance (Total)

Year:

No.	Date	Description	Account	Payment	Deposit	Balance (Total)

Year:

No.	Date	Description	Account	Payment	Deposit	Balance (Total)

Year:

No.	Date	Description	Account	Payment	Deposit	Balance (Total)

Year:

No.	Date	Description	Account	Payment	Deposit	Balance (Total)

Year:

No.	Date	Description	Account	Payment	Deposit	Balance (Total)

Year:

No.	Date	Description	Account	Payment	Deposit	Balance (Total)

Year:

No.	Date	Description	Account	Payment	Deposit	Balance (Total)

Year:

No.	Date	Description	Account	Payment	Deposit	Balance (Total)

Year:

No.	Date	Description	Account	Payment	Deposit	Balance (Total)

Year:

No.	Date	Description	Account	Payment	Deposit	Balance (Total)

Year:

No.	Date	Description	Account	Payment	Deposit	Balance (Total)

Year:

No.	Date	Description	Account	Payment	Deposit	Balance (Total)

Year:

No.	Date	Description	Account	Payment	Deposit	Balance (Total)

Year:

No.	Date	Description	Account	Payment	Deposit	Balance (Total)

Year:

No.	Date	Description	Account	Payment	Deposit	Balance (Total)

Year:

No.	Date	Description	Account	Payment	Deposit	Balance (Total)

Year:

No.	Date	Description	Account	Payment	Deposit	Balance (Total)

Year:

No.	Date	Description	Account	Payment	Deposit	Balance (Total)

Year:

No.	Date	Description	Account	Payment	Deposit	Balance (Total)

Year:

No.	Date	Description	Account	Payment	Deposit	Balance (Total)

Year:

No.	Date	Description	Account	Payment	Deposit	Balance (Total)

Year:

No.	Date	Description	Account	Payment	Deposit	Balance (Total)

Year:

No.	Date	Description	Account	Payment	Deposit	Balance (Total)

Year:

No.	Date	Description	Account	Payment	Deposit	Balance (Total)

Year:

No.	Date	Description	Account	Payment	Deposit	Balance (Total)

www.ingramcontent.com/pod-product-compliance
Lightning Source LLC
Chambersburg PA
CBHW072212170526
45158CB00002BA/570